Salvar una especie

Angela Davids

✳ **Smithsonian**

T0027026

Autora contribuyente

Allison Duarte

Asesores

Michael Brown-Palsgrove
Curador
Smithsonian's National Zoo

Laurie Thompson
Curadora asistente
Smithsonian's National Zoo

Jen Zoon
Especialista en comunicación
Smithsonian's National Zoo

Stephanie Anastasopoulos, M.Ed.
TOSA, Integración de CTRIAM
Distrito Escolar de Solana Beach

Créditos de publicación

Rachelle Cracchiolo, M.S.Ed., *Editora*
Diana Kenney, M.A.Ed., NBCT, *Realizadora de la serie*
Véronique Bos, *Directora creativa*
Caroline Gasca, M.S.Ed., *Gerenta general de contenido*
Smithsonian Science Education Center

Créditos de imágenes: pág.4, págs.6–7, pág.8 (superior), pág.10, pág.13 (todas), pág.14 (inferior, todas), pág.15, pág.19 (superior), pág.23 (izquierda), pág.27 (superior), pág.32 (derecha) © Smithsonian; pág.5 (superior) Giannis Papanikos/ Shutterstock; pág.12 (izquierda) cortesía de IUCN-SSC Otter Specialist Group; p.17 (superior) Mark Moffett/Minden Pictures/Newscom; pág.20 (superior) Roberth Harding Productions/Newscom; pág.20 (inferior) Roger Allen/Splash News/Newscom; pág.21 (superior) Manpreet Romana/AFP/ Getty Images; págs.26–27 Douglas Faulkner/Science Source; pág.27 (inferior) Dan Guravich/Science Source; todas las demás imágenes cortesía de iStock y/o Shutterstock.

Library of Congress Cataloging-in-Publication Data

Names: Davids, Angela, 1973- author.
Title: Salvar una especie / Angela Davids.
Other titles: Saving a species. Spanish
Description: Huntington Beach, CA : Teacher Created Materials, [2022] |
    Includes index. | Audience: Grades 4-6 | Summary: "Habitats are being
    destroyed, and the climate is changing. Thousands of animal species are
    at risk of extinction. People at Smithsonian's National Zoo and
    Conservation Biology Institute are working hard to fix that. Meet five
    animals they have saved and learn about the people who have made it
    their mission to save them"-- Provided by publisher.
Identifiers: LCCN 2021049476 (print) | LCCN 2021049477 (ebook) | ISBN
    9781087644431 (paperback) | ISBN 9781087644905 (epub)
Subjects: LCSH: Endangered species--Conservation--Juvenile literature.
Classification: LCC QL83 .D3818 2022 (print) | LCC QL83 (ebook) | DDC
    591.68--dc23/eng/20211014
LC record available at https://lccn.loc.gov/2021049476
LC ebook record available at https://lccn.loc.gov/2021049477

Teacher Created Materials

5301 Oceanus Drive
Huntington Beach, CA 92649-1030
www.tcmpub.com
ISBN 978-1-0876-4443-1

Contenido

Animales en riesgo

Más de 1,500 animales viven en el Zoológico Nacional y en el Instituto de Biología de la Conservación del Smithsonian, en Washington D. C. Cada uno tiene su propia historia. Pero los cinco animales de este libro enfrentan la misma amenaza: la **extinción**. ¿Por qué? Los agricultores y los habitantes de aldeas y pueblos ocupan su territorio. Los seres humanos destruyen entornos frágiles cuando talan los bosques y pescan en exceso. Para ganarse la vida, los **cazadores furtivos** venden los animales a quienes quieren la carne y el pelaje. Parece que las personas son el peor enemigo de los animales.

Pero las personas también pueden ser heroicas. Pueden salvar animales. Los **conservacionistas** protegen las plantas, el agua y los animales. Investigan los problemas y participan de las soluciones. Los investigadores viajan a la naturaleza para estudiar a los animales en el lugar donde viven. Los **zoólogos** trabajan tras bastidores en los zoológicos. Reúnen información sobre la salud y el comportamiento de los animales. ¡Todos ellos comparten la pasión por salvar las **especies**!

Ahora, te presentaremos a Tusa, Chowder, Bei Bei, Niko y Lek. Todos ellos han vivido en el sector Sendero Asiático del Zoológico Nacional Smithsonian. Aprenderás de dónde son, qué comen y por qué están en peligro. Luego, te enterarás de qué se está haciendo para salvarlos. ¡Que comience la aventura!

Una cuidadora del zoológico le da una uva a un panda rojo.

Un hipopótamo nada en un acuario.

Belleza y utilidad

Las personas que se ocupan de planear las exhibiciones se llaman diseñadores de hábitats. Recrean el ambiente natural de los animales en los zoológicos. Las exhibiciones también tienen que ser bonitas para atraer a los visitantes. Imagina una cascada fresca y brumosa. ¿Puedes visualizar un lugar lleno de plantas verdes y exuberantes? Y ¿cómo te sientes cuando ves un acuario iluminado con luces azuladas y relajantes? La exhibición ideal es atractiva tanto para los animales como para las personas.

Tusa, el panda rojo

Primero lo primero: los pandas rojos no son iguales a los pandas gigantes. Ni siquiera son osos. Si alguna vez viste a Tusa en el Zoológico Nacional, dirías que se parece más a un mapache. En el país de Nepal se usa la palabra *ponya* para describir a los animales que comen bambú. Se cree que *panda* proviene de esa palabra. Sorprendentemente, se han hallado **fósiles** de pandas rojos de cinco millones de años de antigüedad en América del Norte. En algún momento, esos animales desaparecieron del continente y en la actualidad se encuentran solo en Asia. Viven en China, India, Myanmar, Tíbet y Nepal.

Camino a desaparecer

Los pandas rojos **prosperan** en hábitats con bosques grandes cerca de fuentes de agua. Se trepan a la copa de los árboles para descansar y calentarse al sol. Además, allí pueden esconderse de sus depredadores. Los pandas rojos comen principalmente bambú y por eso necesitan un lugar donde haya muchas de esas plantas.

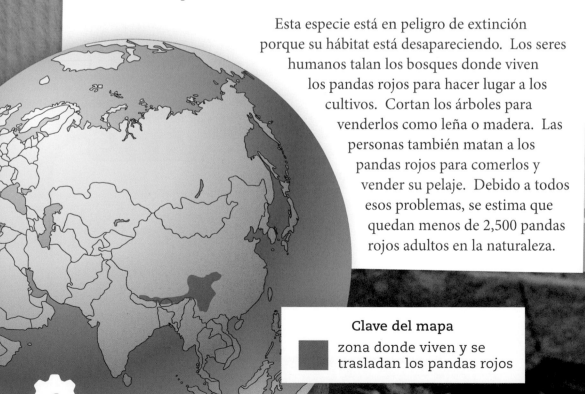

Esta especie está en peligro de extinción porque su hábitat está desapareciendo. Los seres humanos talan los bosques donde viven los pandas rojos para hacer lugar a los cultivos. Cortan los árboles para venderlos como leña o madera. Las personas también matan a los pandas rojos para comerlos y vender su pelaje. Debido a todos esos problemas, se estima que quedan menos de 2,500 pandas rojos adultos en la naturaleza.

Clave del mapa

zona donde viven y se trasladan los pandas rojos

Tusa

Una especie está en peligro de extinción cuando no quedan muchos de esos animales en la naturaleza o cuando su hábitat está amenazado. Otro factor de riesgo es cuando los animales viven en muy pocos lugares.

Este cachorro de panda rojo nació en el Instituto de Biología de la Conservación del Smithsonian en 2017.

Una zoóloga le da a un panda rojo una galleta especial para animales que comen hojas.

Menú de bambú

Tusa y su pareja, Asa, vivían juntos en el Zoológico Nacional Smithsonian. Los zoólogos trabajaron mucho para que Tusa y Asa estuvieran sanos y comieran bien. Los cuidadores les daban de comer uvas y manzanas, además de unas galletas especiales para animales que se alimentan de hojas. En la naturaleza, los pandas rojos comen entre 1 y 2 kilogramos (entre 2.2 y 4.4 libras) de hojas de bambú por día. En el zoológico, comían bambú todo el tiempo. Pero como el bambú no les da mucha energía, dormían casi la mitad del día.

Las personas entran en acción

Hay muchas leyes para proteger a los pandas rojos. Pero también hay personas que siguen cazándolos. Y siguen talando los bosques de bambú. Una manera inteligente de defender a los pandas rojos es el programa Guardianes del Bosque. La organización Red Panda Network creó ese programa y solicita donaciones. Juntan dinero para pagarle a cada persona que se convierta en guardiana del bosque. Así, los guardianes pueden conocer a distintas personas de su comunidad. Se ganan su respeto. Incluso se hacen amigos. Cuando los guardianes les cuentan cómo salvar a los pandas rojos, las personas cambian su conducta. Esto puede ser más eficaz que cualquier ley.

CIENCIAS

A relajarse

Cuando empieza a hacer frío, los pandas rojos usan menos energía. Sus funciones **se aletargan**, es decir, se hacen más lentas y usan menos **calorías**. Eso reduce la cantidad de calor que sale del cuerpo. Además, los pandas rojos se acuestan enrollados en forma de bola, lo que los ayuda a conservar el calor. Cada cierta cantidad de horas, usan la energía justa para buscar comida.

Una nutria llamada Chowder

Chowder es una nutria enana asiática que vive en el Zoológico Nacional Smithsonian. Junto a su pareja, Clementine, tuvieron nueve encantadores cachorros. Las hembras se llaman Pickles, Saffron, Olive, Peaches, Radish y Rutabaga. Los machos se llaman Pork Chop, Turnip y… Kevin. Zoológicos de todo el mundo están tratando de ayudar a las nutrias a **reproducirse** para que no se extingan. No siempre es fácil. Por eso, la gran familia de Chowder se considera un gran éxito.

Las nutrias enanas son una especie **vulnerable**. Eso quiere decir que podrían estar en peligro de extinción si no se toman medidas. Los investigadores no saben bien cuántas nutrias enanas quedan en la naturaleza. Lo que sí saben es que su hábitat se está reduciendo.

El hogar perfecto para las nutrias es una madriguera que excavan en el lodo, cerca del agua. En ríos, pantanos y arrozales, las nutrias encuentran muchos cangrejos y peces para comer. Cuando las personas se mudan cerca de esas áreas, compiten con las nutrias por el alimento. Cortan plantas y árboles para hacer lugar a sus cultivos. Por último, los productos químicos que usan para matar insectos contaminan el agua.

Chowder junto a su familia

Una nutria enana asiática come un pescado.

Las nutrias enanas asiáticas tienen dientes muy fuertes para romper los caparazones de los animales que comen. También dejan los crustáceos secándose al sol y esperan a que las valvas se rompan con el calor.

11

En movimiento

Las nutrias necesitan energía para nadar y jugar. Queman calorías rápidamente y por eso comen con frecuencia. Los crustáceos, como las almejas, son sus favoritos. Su menú también incluye insectos, roedores y serpientes. En el zoológico, las nutrias comen alimento envasado, similar al que comen los perros y los gatos. Los cuidadores también les dejan en su espacio cangrejos, grillos y peces vivos para que las nutrias los busquen. La búsqueda de alimento las divierte y las mantiene activas, como cuando están en la naturaleza.

Las personas entran en acción

Muchas personas piensan que las nutrias son adorables. ¿Tal vez eso las salve? Es posible. Hace más de 40 años, unos zoólogos formaron una organización para proteger a las nutrias. Ahora, están usando la ciencia y las redes sociales para lograr su objetivo. En las redes, verás por qué nadie puede resistirse a compartir las fotos y los videos que publica IUCN-SSC Otter Specialist Group. Gracias a ellos, las personas quieren saber más acerca de las nutrias. Es una buena oportunidad para enseñarles por qué las nutrias están en peligro y ofrecerles maneras de colaborar. El grupo comparte información sobre eventos, peticiones y trabajos voluntarios. Hacen que sea sencillo marcar la diferencia.

Una cuidadora le da pescado a una nutria mientras le toman una radiografía.

Una nutria enana asiática intenta sacar comida de un **dispensador** de alimento hecho con caños de PVC.

INGENIERÍA

Diversión natural

Los cuidadores del zoológico toman objetos comunes y les hacen algunos cambios sencillos para estimular ciertos comportamientos naturales. En su hábitat natural, las nutrias usan las garras para cazar cangrejos en aguas poco profundas. En el zoológico, usan las garras para buscar pedacitos de pescado en los agujeros de unos caños de PVC.

El panda Bei Bei

Cuando Bei Bei nació en el Zoológico Nacional Smithsonian en 2015, los zoólogos celebraron. El zoológico comenzó su programa de pandas en 1972, pero Bei Bei es uno de los únicos tres cachorros de panda que sobrevivieron. Mei Xiang es la madre de los tres cachorros. Llegó al zoológico en el año 2000 proveniente de un programa chino de conservación. Se esperaba que tuviera muchos cachorros. Pero eso es muy difícil. Las pandas gigantes hembras solo quieren aparearse unos pocos días al año. Por eso los pandas tienen mucho menos tiempo para reproducirse que otros animales. Es una de las razones por las que hay menos de 1,900 pandas gigantes en la naturaleza.

Cuando nació, Bei Bei pesaba casi lo mismo que un mazo de cartas y era más pequeño que una engrapadora. Al igual que otros pandas, Bei Bei come principalmente bambú. ¡Los pandas adultos comen entre 22 y 36 kg (entre 50 y 80 lb) de bambú por día! Pero su **flora intestinal** no digiere bien las plantas. Por eso, obtienen menos nutrientes y deben comer mucho. Además, los pandas gigantes **han evolucionado** para comer una pequeña cantidad de carne. Pero eso solo representa cerca de un uno por ciento de su dieta diaria.

Bei Bei y Mei Xiang

Bei Bei a los tres meses de edad

En 2016, la organización que hace el seguimiento de los animales que están en riesgo sacó al panda gigante de la lista de especies en peligro de extinción. Aunque es una buena noticia, el panda sigue estando en la lista de especies vulnerables.

Bei Bei

Hábitat amenazado

Durante millones de años, los pandas gigantes vivieron en bosques de **tierras bajas** a lo largo de China central. En la actualidad, viven principalmente en bosques de montaña, en solo tres regiones. Los bosques están separados por cultivos, autopistas y estructuras. Por ese motivo, las poblaciones de pandas quedan separadas entre sí. Es posible que rechacen a las pocas parejas posibles que conocen. O tal vez se reproduzcan con pandas de su familia. Eso puede afectar negativamente la salud de los pandas gigantes.

Las personas entran en acción

Algunos científicos describen las zonas aisladas donde viven los pandas como "islas". Esas islas están rodeadas de hábitats dañados. Los investigadores del Zoológico Nacional y del Instituto de Biología de la Conservación del Smithsonian están llevando a cabo un proyecto para conectar esas islas. La idea es crear senderos de bosque nuevo que lleven a los pandas de una reserva natural a la otra. Planean crear algo que llaman "corredores". Los corredores son como pasillos que guían a los pandas de un lugar al otro.

Otra innovación es el programa Grain for Green. Mediante ese programa, el gobierno chino les paga a los agricultores para que reemplacen los cultivos por árboles. ¡Y funciona! China está ganando zonas boscosas en algunos lugares. Si bien son éxitos pequeños, dan un poco de esperanza. Los caminos de plantas y los árboles nuevos podrían ayudar a que los grupos de pandas vuelvan a conectarse. Además, pueden darles la comida que necesitan para sobrevivir.

Clave del mapa

zona donde viven y se trasladan los pandas gigantes

Unos trabajadores plantan abetos para recuperar un bosque de China.

MATEMÁTICAS

Gigantes durmientes

Los investigadores tienen una manera inusual de saber cuánto tiempo ha dormido un panda. Los pandas siguen defecando mientras duermen. Expulsan 5 a 10 excrementos cada dos horas. En cuatro horas, pueden expulsar aproximadamente el doble. De esa manera peculiar, sabemos que la siesta típica del panda puede durar entre dos y seis horas.

un panda gigante dormido

Salvar a Niko

Niko llegó al Zoológico Nacional Smithsonian cuando tenía dos años. Los investigadores estaban muy entusiasmados por la oportunidad de estudiar de cerca a un oso bezudo. Es difícil observar osos bezudos en la naturaleza. Son solitarios y atacan a los seres humanos si se sienten amenazados. Las osas incluso pueden matar a sus cachorros si no son sanos. Los zoólogos de todo el mundo intentan salvar a esta especie estudiando su comportamiento, las cosas que le hacen mal y lo que necesita comer.

Niko y su compañera Remi comen un alimento seco hecho especialmente para **omnívoros**, además de frutas y verduras. Comen varias comidas al día. Para mantenerlos activos y entretenidos durante el día, los cuidadores les dan algunas de sus comidas favoritas, como gusanos de la harina, grillos y miel. En la naturaleza, los osos bezudos comen principalmente termitas y hormigas. A veces, comen los restos de las presas que han dejado otros depredadores. Según la estación, comen mangos e higos, pero no pueden digerir las semillas de las frutas. Las semillas que los osos no digieren quedan en sus excrementos, se esparcen por todo el bosque y luego se convierten en árboles nuevos.

Muchos osos bezudos viven protegidos en más de 150 parques nacionales y santuarios, pero todavía están en peligro. Quedan menos de 20,000 osos bezudos, principalmente en el sudeste asiático.

Clave del mapa

 zona donde viven y se trasladan los osos bezudos

Niko juega con un dispensador de alimento.

oso bezudo de 6 meses

La lucha por la vida de los osos

En la naturaleza, los cazadores furtivos persiguen a los osos bezudos para quitarles un fluido digestivo llamado **bilis**. Algunas personas creen erróneamente que la bilis del oso puede curar muchas enfermedades. Un frasco de bilis del tamaño de una lata de pintura puede llegar a costar 2 millones de dólares.

Otra amenaza para los osos es la tradición de capturar cachorros para usarlos como "osos danzantes". Durante más de cuatrocientos años, algunas personas han ganado dinero entreteniendo con osos a los turistas. En la India, los miembros de la tribu kalandar les colocan a los osos un aro de metal permanente en el hocico. Atan una cuerda al aro. Luego, jalan de la cuerda para que el oso "baile" de dolor.

Un miembro de la tribu kalandar jala de la cuerda de un oso danzante.

Lily era una osa danzante que quedó ciega, pero recuperó la vista gracias a Wildlife SOS.

El cofundador de Wildlife SOS, Kartick Satyanarayan, abraza a un oso bezudo que iba a convertirse en oso danzante pero fue rescatado.

Las personas entran en acción

Un grupo llamado Wildlife SOS trabaja para poner fin a la costumbre de tener osos danzantes. La organización entrevistó a los miembros de la tribu para saber qué otros trabajos les gustaría hacer. Más de 600 hombres ofrecieron entregar voluntariamente a sus osos. Muchos de ellos ahora trabajan como cortadores de piedras preciosas, empacadores de especias y soldadores. Wildlife SOS también fundó escuelas. En ellas ya se han anotado más de 1,300 niños de la tribu. Los niños aprenden a escribir, lo cual les da más oportunidades de trabajo. En el pasado no se permitía que las niñas asistieran a la escuela, pero ahora van a estas escuelas nuevas. Los niños y las niñas les están enseñando a sus padres y abuelos una nueva forma de vida.

cámara trampa
en un bosque

TECNOLOGÍA

¡Sonríe!

Los gatos pescadores pueden ser difíciles de ver por la noche. Una manera común de saber adónde van es colocar cámaras en sus hábitats. Esas cámaras se llaman "cámaras trampa". Los investigadores ponen cientos de cámaras en los lugares donde viven los gatos pescadores. Cuando las cámaras detectan calor y movimiento gracias a unos sensores especiales, toman fotografías. Las cámaras de Indonesia no han encontrado gatos pescadores, lo cual preocupa a los investigadores.

Aquí está Lek

Lek vive en el Zoológico Nacional Smithsonian. No hay muchos gatos pescadores en los zoológicos del mundo. Los zoológicos en los que sí viven gatos pescadores colaboran entre sí para compartir sus conocimientos. Eso es clave para la supervivencia de la especie. Como estos animales sigilosos deambulan durante la noche, son extremadamente difíciles de encontrar y de estudiar en la naturaleza. Es un verdadero desafío para los investigadores observar su comportamiento y el modo en que escogen pareja. Los zoólogos están ansiosos por encontrar respuestas con Lek.

Probablemente adivines cuál es la comida preferida de los parientes silvestres de Lek. Usan sus largas garras para atrapar peces y crustáceos en ríos y pantanos. Como les encanta cazar, también atrapan y comen mamíferos pequeños, aves y anfibios. En la naturaleza, dejan caer la comida al agua y luego vuelven a atraparla. ¡Lek también hace eso en el zoológico! Come pescado, alimento seco para felinos y carne picada especialmente para los carnívoros del zoológico.

Un gato pescador espera a que pase un pez.

Lek

23

El depredador más peligroso

Las personas son la amenaza más grande para los gatos pescadores. Casi todos los **humedales** del sudeste asiático están en peligro. Las personas contaminan el agua con basura y productos químicos. También invaden grandes tramos de agua, donde atrapan peces y calamares para venderlos. En tierra firme, las personas destruyen hábitats cuando cortan árboles para construir granjas y ciudades. Otra amenaza son los cazadores, que venden a los gatos por su pelaje y como alimento. Los expertos en vida silvestre no saben cuántos gatos pescadores viven en la naturaleza. Raras veces logran verlos.

Las personas entran en acción

Mucha gente estudia a los animales en los zoológicos y en la naturaleza. Una conservacionista de la ciudad más grande de Sri Lanka tuvo una idea. Pensó: ¿qué tal si estudiamos a los gatos pescadores que viven en las ciudades? ¿Cómo se adaptan cuando se destruye gran parte de su hábitat? Creó el Proyecto para la Conservación de los Gatos Pescadores Urbanos. Su equipo descubrió que algunos gatos pescadores viven en casas abandonadas. Roban peces de los estanques de los jardines para alimentarse. Ahora, los ciudadanos pueden informar en el sitio web del grupo si ven un gato pescador. Luego, los investigadores colocan cámaras trampa en esas zonas. Atrapan con cuidado a los gatos para colocarles collares con GPS. Esos collares registran las distancias que recorren los gatos para volver a los humedales que rodean la ciudad. Así, los científicos saben cómo se adaptan a la vida en la ciudad.

Un gato pescador camina sobre la rama de un árbol.

Un trabajador usa un tractor para despejar una parte de la selva de Borneo en el sudeste asiático.

¡Los gatos pescadores saben nadar! Tienen la cabeza alargada y redonda, lo que les permite sumergirse bajo el agua para atrapar peces con los dientes. El pelaje es impermeable, para no mojarse.

Cómo puedes salvar una especie

Casi una cuarta parte de las especies de mamíferos podría desaparecer de la Tierra si no hacemos algo ahora. Los animales que viven en lugares como el Zoológico Nacional Smithsonian nos ayudan a saber cómo ayudar. Cuanto más sepamos, mejor podremos ayudarlos. Podemos aprender sobre los tipos de lugares en los que los animales satisfacen sus necesidades de alimentación, refugio y apareamiento. Eso sirve para proteger mejor los hábitats de los animales.

Hay muchas profesiones que se especializan en la protección de animales. Podrías dedicarte a la zoología, a la investigación o a la conservación de animales. También puedes ser veterinario de animales silvestres o especialista en comportamiento animal. Además, hay cosas que puedes hacer desde ahora. Enséñales a otras personas lo que has aprendido. Ábreles los ojos. Incentívalas. Y cuando seas más grande, pregunta en un zoológico si puedes ofrecerte como voluntario. Se necesita la ayuda de todos para salvar una especie.

Una bióloga marina estudia un manatí.

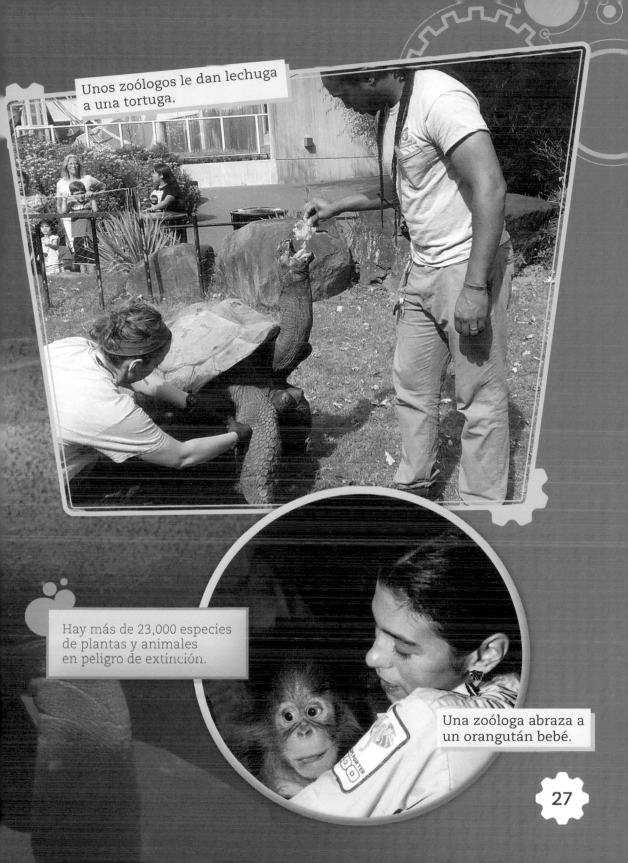

Unos zoólogos le dan lechuga a una tortuga.

Hay más de 23,000 especies de plantas y animales en peligro de extinción.

Una zoóloga abraza a un orangután bebé.

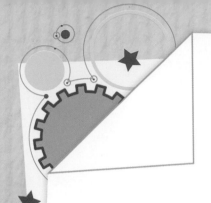

DESAFÍO DE CTIAM

Define el problema

El Zoológico Nacional Smithsonian siempre busca maneras nuevas de estimular el comportamiento natural de los animales. Por ejemplo, esconden el alimento de maneras ingeniosas. El personal del zoológico te ha pedido que diseñes un nuevo dispensador de alimento para estimular los comportamientos naturales de alimentación. Les gustaría que hagas un alimentador fijo para colocar en varias exhibiciones de animales.

 Limitaciones: El diseño debe caber en una cartulina de 60 centímetros × 71 centímetros (22 pulgadas × 28 pulgadas) y llenarla por completo.

 Criterios: El dispensador debe presentarles a los animales tres desafíos diferentes para conseguir la comida. Para estar seguros de que conseguir la comida será un desafío para los animales, tiene que ser difícil o imposible para una persona tomar del dispensador objetos pequeños, como fichas, con los dedos pulgar e índice.

Investiga y piensa ideas

¿Cuáles son algunas cosas que están haciendo los seres humanos para proteger las especies en peligro de extinción? ¿Cómo participan de esa iniciativa los zoológicos? ¿Cómo ayudan los zoológicos a estimular los comportamientos naturales de los animales? ¿De qué maneras esconden la comida para que los animales la busquen?

Diseña y construye

Dibuja un modelo del dispensador. No olvides incluir tres desafíos diferentes. ¿Qué propósito cumplirá cada parte? ¿Cuáles son los materiales que mejor funcionarán? Construye el modelo.

Prueba y mejora

Introduce objetos pequeños en el dispensador, por ejemplo, fichas o alimento para aves. Muéstrales tu diseño a tus amigos. Pídele a un miembro del equipo que demuestre la dificultad de los desafíos tratando de tomar los objetos pequeños con los dedos pulgar e índice. ¿Funcionó tu dispensador? ¿Cómo puedes mejorarlo? Modifica tu diseño y vuelve a intentarlo.

Reflexiona y comparte

¿Deberías modificar tu diseño para que puedan usarlo animales más grandes? ¿Qué otros materiales podrías usar? ¿Cómo piensas que los diseñadores de hábitats deciden qué cosas incluir en las exhibiciones de un zoológico?

Glosario

bilis: una sustancia que ayuda al cuerpo a digerir las grasas

calorías: una unidad de calor que se usa para describir cuánta energía contiene un alimento

carnívoros: animales que comen carne

cazadores furtivos: personas que atrapan o matan animales de manera ilegal

conservacionistas: personas que trabajan para proteger animales, plantas y recursos naturales, o para impedir que se pierdan o se derrochen los recursos naturales

dispensador: un dispositivo que entrega alimento u otras cosas

especies: grupos de animales que son similares entre sí y que pueden tener crías juntos

extinción: la acción de dejar de existir

flora intestinal: microorganismos de un sistema digestivo que ayudan a digerir la comida

fósiles: restos o rastros de vida muy antiguos, como huesos, caparazones o huellas, que están enterrados

han evolucionado: se han desarrollado o han cambiado lentamente hasta llegar a un estado mejorado, más avanzado o más complejo

humedales: zonas de tierra que están cubiertas de agua poco profunda

omnívoros: animales que comen tanto plantas como carne

peticiones: documentos que firman las personas para mostrar que quieren que alguien o una organización cambie o haga algo

prosperan: se desarrollan o crecen bien

reproducirse: producir plantas nuevas o animales bebés

se aletargan: no están activas pero pueden volver a estarlo

tierras bajas: zonas en las que la tierra está al nivel del mar, cerca o debajo de él, y donde no hay montañas ni colinas altas

vulnerable: que puede entrar en peligro de extinción

zoólogos: personas que estudian a los animales y su comportamiento

Índice

¿Quieres ayudar a salvar especies?
Estos son algunos consejos para empezar.

"Ser cuidador o cuidadora de un zoológico es todo un desafío. Podrías estudiar ciencias veterinarias. O podrías trabajar como voluntario en un zoológico. Cuando seas más grande, puedes hacer una pasantía en un zoológico. Así, aprenderás mucho sobre el trabajo de los cuidadores y cómo ayudar". —*Gwen Cooper y Jordana Todd, cuidadoras de animales*

"Siempre me ha interesado estudiar a los animales. Cuando iba a la escuela, quería ser bióloga marina y estudiar a las orcas. Ahora trabajo con otro tipo de animales que también son blancos y negros... ¡los pandas gigantes!". —*Laurie Thompson, curadora asistente*